学校や町で出る
ごみについて
見てみよう！

めざせ！ごみゼロマスター

3 学校と町でレッツごみゼロ

監修　和田由貴
節約アドバイザー・消費生活アドバイザー・3R推進マイスター

WAVE出版

もくじ

この本の監修の先生からメッセージ　和田由貴

　「めざせ！ ごみゼロマスター」は、身近なごみの問題をもっと知ってもらうためにできました。1巻はごみの基礎知識、2巻と3巻では、ごみを減らすためにできることや、社会でおこなわれている取り組みを学ぶことができます。わたしたちの快適な暮らしは、地球の資源を使うことで成り立っています。この限りある資源を大切に使い、今の環境を保つためには、ごみを減らすことが必要なのです。このシリーズで理解を深め、ぜひごみの減量を実践につなげてください。

3章

この本の登場人物

3人といっしょにごみのことを学んでね！

エコまる

ごみ問題によって危機がせまる地球のことを心配して、ごみゼロ星からやってきた。

みく

小学4年生。しっかり者でとてもやさしい。動物が好き。

ゆうた

小学4年生。明るくておおざっぱな性格。勉強は少し苦手。

このシリーズの特ちょうと使い方

この「めざせ！ ごみゼロマスター」のシリーズは、ごみ問題の基本的なことをしょうかいする「1巻 ごみはどこから出るの？」、家でできる取り組みをしょうかいする「2巻 家でレッツごみゼロ」、学校や町での取り組みをしょうかいする「3巻 学校と町でレッツごみゼロ」の3冊で構成されているよ。

いま地球で起きているごみの問題やその原因、そしてそれを解決するための方法をしょうかいしているんだ。ごみ問題は、みんなにとっても身近なことばかり！ この本を読んで、君もごみゼロマスターをめざそう！

読んで取り組む！

3巻 では、1章で学校のごみをへらすにはどうしたらいいか、考えるよ。学校で給食を食べるときや授業を受けるとき、図書室で本を読むときには、それぞれどんなごみが出るのかな？ ごみをへらす工夫についてしょうかいするよ。学校では落としものがごみになることもあるから、落としものをへらせるようにみんなで取り組んでみよう。

2章では、町で出るごみやごみをへらす方法についてしょうかいするよ。ものをもらったり買ったりするときには、どんなことに気をつければごみをへらせるのかな？ みんながいつも食べているものや使っているものが、どうやってつくられているのかについてもしょうかいするよ。ものをつくるときに出るごみについて見てみよう。

読んで考える！

3章では、社会での取り組みについてしょうかいするよ。ものをつくる会社や工場などでは、ふだんの生活では見ることがないようなごみが出るんだ。社会全体ではごみをへらすためにどんな取り組みをしているのかな？ リサイクルのルールについてもしょうかいするよ。みんなで地球のごみをへらしていく方法を考えよう。

2章には「ごみゼロクイズ」のページがあるよ。「食品のごみについておさらいしよう！」では、1章と2章でしょうかいした食べもののごみについて、復習して理解を深めよう。「クロスワードパズルにちょうせん！」では、おもにごみや環境にかかわる言葉をクイズにしているよ。全問正解をめざしてね！

1巻では、ごみはどこから生まれるのか、わたしたちはごみをどれくらい出しているのかなどを解説しているよ。ごみの問題を、自分たちの身近な問題として考えるきっかけとなる巻だよ。みく、ゆうたといっしょに、エコまるに教えてもらおう！

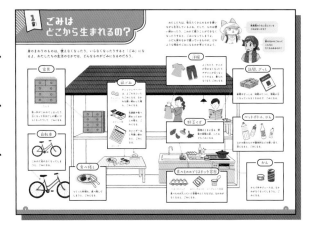

2巻では、実せん的なごみをへらす取り組みについてしょうかいしているよ。家でできる取り組みをしょうかいしているんだ。すぐに取り組めることがたくさんあるから、おうちの人といっしょにやってみるのも楽しいよ！

さあ！ 君もこの本で
気づいて、学んで、取り組んで、
ごみゼロマスターになろう！

学校や町では どこからごみが出るの？

町のなかでは、どんなところにごみがあるのかな？ 学校や町のお店などで出るごみを見てみよう。

7

1章 学校のごみを へらそう！

学校では、どんな場所でどのくらいごみが出るのかな。どうしてごみが出るのかも考えてみよう。

給食のごみは どのくらい出るの？

小中学校の給食では、1年間で約17万トンものごみが出ているよ。このうち、食べ残しのごみは約7万トン。これは、全国で約1000万人いる小中学生が、ひとりあたりおよそ7キログラムもの食べ残しのごみを出していることになるんだ。お茶わん47はいぶんに相当する量の給食が、食べ切れずにごみになっているんだよ。

子どもひとりだけで、1年間にこんなにたくさんの量の食べ残しをしているんだ。

うわー 食べ残しが たくさんある！

ひとり 47はいぶん

資料：環境省「学校給食から発生する食品ロス等の状況に関する調査結果について」
（平成27年度）より

食べ残す人は どれくらいいるの？

給食を残す小学生の割合は、男子で約4割。女子では5割近くになっているよ。クラスのほぼ半数の子どもが給食を全部食べ切れていないことになるんだ。

小学生男子

いつも残す 4.0%

| いつも食べる 61.2% | ときどき残す 34.8% |

小学生女子

いつも残す 6.4%

| いつも食べる 52.3% | ときどき残す 41.3% |

資料：独立行政法人日本スポーツ振興センター
「児童生徒の食事状況等調査報告【食生活実態調査編】」（平成22年度）より

どうして食べ残すの？

小学生が給食を食べ残す理由でもっとも多いのは「きらいなものがあるから」。そのつぎは「量が多すぎるから」「給食時間が短いから」という理由が多くなっているよ。

好ききらいがいちばんの理由なんだね。

給食を残す理由ランキング

1位 きらいなものがあるから
2位 量が多すぎるから
3位 給食時間が短いから
4位 食欲がないから
5位 おいしくないから

資料：独立行政法人日本スポーツ振興センター
「児童生徒の食事状況等調査報告【食生活実態調査編】」（平成22年度）より

給食の食べ残しきへらそう

給食で出るごみの多くは食べ残しが原因だということがわかったね。どうすれば食べ残しをへらすことができるのかな？

食べ残しをしなければ、ごみをへらせるのか！

そのとおり。

でも、苦手なおかずがあるからつい残しちゃう。

工夫すれば食べ残しはへらせるよ。

え？どうやって？

給食の食べ方を見直してみるんだ。

食べ残しきへらす工夫

給食のごみをへらすには、食べ残さないことが大切。少しでも食べ残しをへらせるような工夫をしてみよう。

少なめにしてね。

食べ切れる量をもらおう

好きなおかずはつい多めにもらってしまいがちだけれど、自分が食べ切れる量だけを給食係の人によそってもらうようにしよう。

集中して食べよう

おしゃべりも楽しいけれど、給食の時間は食べることに集中しよう。集中して食べないと、時間内で食べ切れなくなってしまうよ。

おかずは交ごに食べよう

好きなおかずばかり食べていると、きらいなおかずが残ってしまうよ。好きなものときらいなものを交ごに食べるようにしよう。

感謝の気持ちを持とう

肉や魚など、自然の命をいただくことに感謝の気持ちを持とう。また、給食をつくってくれた人たちへの感謝もわすれないようにね。

いつも好きなおかずを先に全部食べちゃってたなあ……。

給食がどんなふうにつくられているのか見てみよう！

給食がとどくまで

給食が食べられるのは、給食づくりに関わってくれた、たくさんの人たちのおかげだよ。残さずに食べることで、ありがとうの気持ちをしめそう。

給食は多くの人の手によってみんなのところにとどくんだよ。

栄養士

栄養バランスを考えながら献立を決める。

給食をつくってくれてありがとう!

生産者

加工食品業者

新せんな食材や安全な食品を用意する。

配送業者

食材や食品を学校の給食室などに運ぶ。

調理員

食材を調理しておいしい給食をつくる。

いただきます!

給食のできあがり。残さず食べよう。

食べ残しはリサイクルへ

食べ残しをむだにしない方法があるんだよ。

生ごみをコンポストという容器に入れてび生物に分解させると、たい肥（土にまぜて使う肥料の一種）をつくることができるよ。

この方法で給食の食べ残しをたい肥にしている学校があるんだ。できたたい肥は学校の花だんで使ったり、農場で使って農作物を育て、その農作物をまた学校給食に利用したりしているよ。

かぎりある資源を大切にするために、生ごみのリサイクルはとても重要だと考えられているんだよ。

ノートやえんぴつは最後まで使おう

給食室のほかにも、学校では毎日いろいろな場所でごみが出ているよ。どこからどんなごみが出るのかな？

学校のごみはどこにある？

学校で出るごみは、場所によっていろいろなものがあるよ。どうしてその場所で、そのごみが出るのかを考えてみよう。

教室と理科室では出るごみもちがうよ。

理科室ではどんなごみが出るんだろう。

教室　短くなったえんぴつや小さくなった消しゴムなど、文ぼう具のごみが多い。

理科室　実験に使ったろ紙やビニールぶくろなどがごみになっている。

図工室（ずこうしつ）

画用紙や、工作に使っただんボール、ペットボトルなどのごみが出る。

家庭科室（かていかしつ）

さいほうでは布きれや糸くず、調理では野菜などの生ごみが出る。

授業の内容によってごみの種類も変わるんだね。

ごみは何からできている？

ごみになった文ぼう具や材料などは、もともとは植物や地下資源などかぎりあるものからつくられているんだ。それぞれのごみが何からつくられたのかを知ると、ものの大切さがわかるよ。

木材やパルプ

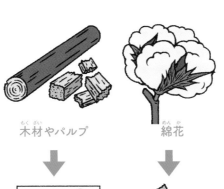

綿花

石油

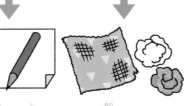

画用紙・ろ紙・えんぴつ

布きれ・糸くず

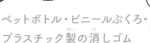

ペットボトル・ビニールぶくろ・プラスチック製の消しゴム

ごみをへらすことは、大切な資源を守ることになるんだ！

ごみを出さない工夫

えんぴつや消しゴムなどの文ぼう具を、なるべく最後まで使い切ることが、ごみをへらすことにつながるよ。できることからやってみよう。

短くなったえんぴつは、補助じくをつけて持ちやすくして使おう。

小さくなった消しゴムは、シャープペンシルにつける消しゴムとして使ってみよう。

ノートを買うときに再生紙のものを選ぶことも、資源を守るために大切だよ。

こうすれば最後までむだなく使えるね！

工夫しだいで、ごみはへらせるんだよ。

落としものをなくそう

ごみをへらすためには、落としものをしないことも大切。どうすれば落としもの
をへらせるのかな？

このまえ消しゴムを落としちゃったんだけど、あれもごみになっちゃうのかな？

落としものもごみがふえる原因のひとつだよ。

どうしよう。わたしもよく、落としものするからな。

落としものをへらす工夫を教えてあげるよ！

どんな落としものがあるかな？

学校には毎日いろいろな落としものがあるよ。自分で落としたことのあるものや、見つけたことのある落としものはあるかな？

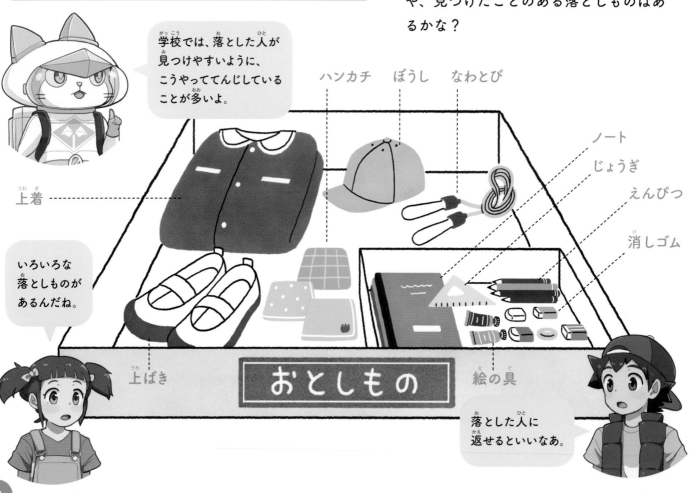

学校では、落とした人が見つけやすいように、こうやっててんじしていることが多いよ。

いろいろな落としものがあるんだね。

ハンカチ　ぼうし　なわとび

ノート
じょうぎ
えんぴつ
消しゴム

上着

上ばき

おとしもの

絵の具

落とした人に返せるといいなあ。

落としものをしない工夫

落としものをしないためには、自分の持ちものをいつもきちんと整理しておくことが大切だよ。ほかにもすぐにできる工夫があるから、今日からやってみよう。

名前を書いておく

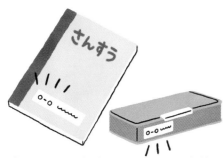

持ちものに名前を書いたり、名前のシールをはったりしておこう。落としたときも見つかりやすくなるよ。

持ちものを点検する

家を出るまえに持ちものを点検して、何を持っているかを頭に入れておこう。学校から帰るときも点検をわすれずに。

持っていることをわすれていると、落としても気づかないもんね。

決まった場所にしまう

ひとまとめにしておけば、使うときも出しやすいね。

ものを使ったあとは、すぐに決まった場所にもどそう。身のまわりの整理整とんにもつながるよ。

よけいなものは持たない

今日の授業で使うものや提出するものをかくにんして、必要なもの以外は持っていかないようにしよう。

時間割をかくにんすればわすれものもふせげるよ。

落としものはどこへいく？

学校で見つかった落としものは、しばらくのあいだは学校で保管してもらえるけれど、いつまでも落とし主があらわれないときは処分されてしまうよ。

落としものをしたと気づいたら、すぐに先生に伝えよう。

駅やデパートなどでの落としものは、それぞれのし設で保管されて、一定の期間がすぎたら警察署にとどけられるんだ。

図書室の本を大切にしよう

図書室の本は、大切に使わないと読めなくなって、ごみになってしまうよ。ごみにしないためにはどうすればいいのかな？

この部屋からもごみの反応が出ている！

図書室だ。

見て！この本ぼろぼろだよ。

学校の図書室には1校あたり平均約8800冊の本があるけど、1年間でそのうちの約250冊がごみになってしまうんだ。

そんなに？

うん。だから、図書室の本を大切に使うことは、ごみをへらすことにもなるんだよ。

そうなんだ！

本はどんな状態かな？

図書室の本がきれいだと、読むのも楽しくなるね。でもなかには、いたんだり、らくがきされたりしている本もあるんだ。図書室の本がどんな状態か見てみよう。

本のいたみ方にもいろいろな種類があるんだ。

ページがはずれている

ふせんがはってある

やぶれている

マーカーがひいてある

しみがついている

本がこんなふうだと読みたくなくなるな……。

折れている

セロハンテープがはってある

らくがきがある

このままじゃ本がかわいそう。

本をよみがえらせるスゴ技

きれいに直せる方法があるんだね。

どんないたみ方でも、直せちゃうなんてすごいなあ。

　いたんだ本は図書室の先生たちが修理してくれているよ。いたみ方やよごれ方によって、直す方法を工夫しているから、自分で勝手に直すのはやめようね。

ページのやぶれ

やぶれたところに修理用のとうめいなフィルムをはって直す。

ページのはずれ

ページのへりに、せっちゃくざいをつけて、表紙にはりつける。

糸とじの本のページはずれ

ページ全部を表紙からはずして糸でぬい直し、また表紙にはりつける。

背表紙のいたみ

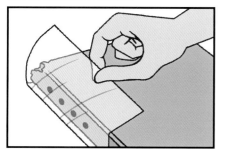

いたんだ部分に修理用のとうめいなフィルムをくるむようにはる。

テープをはがす

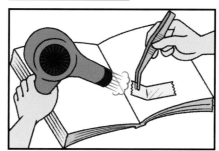

ドライヤーでせっちゃくざいをとかして、ピンセットでテープをはがす。

書きこみやらくがき

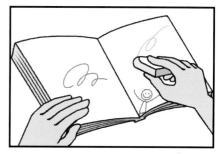

えんぴつで書かれたものは、消しゴムでていねいに消していく。

図書室の本を読むときのマナー

　図書室の本を大切に使えば、修理をする先生たちの苦労もへるし、みんなが気持ちよく本を読むことができるね。マナーを守って楽しく読書をしよう。

- ものを食べながら本を読まない。
- ぬれたりよごれたりした手で本をさわらない。
- 本を日に当てすぎない。
- 本にふせんをはらない。
- 本に書きこみや、らくがきをしない。
- 本をやぶいたり折ったりしない。
- 本がこわれても自分で勝手に直さない。
- 図書室のつくえやいすも大切に使おう。

ひとりひとりがマナーを守れば、ごみになる本をへらせるんだ！

学校のごみをへらすポイントを見てきたけど、町のごみについてはどうかな？
町に出かけて買いものをすると、どこでどんなごみが出るのか見てみよう。

町のどんな場所で ごみが出るの？

　1日、町で買いものをしたり食事をしたりイベントに参加したりすると、いろいろなごみが出るよ。駅前では無料で配られているチラシなど、販売店では商品を包むための紙や箱、飲食店ではお手ふきやストローなど、場所によってごみの種類がちがうんだ。どんな場所でどんなごみが出るのか見てみよう。

まずは、ごみゼロスコープで町全体を見てみよう。ごみが多そうなのはどんな場所かな？

飲食店

おしぼりとそのふくろ、ストローとそのふくろ、わりばしや紙ナプキンなどがごみになるんだ。調理したときに出る材料のごみや、食べ残しのごみも出るよ。

駅や駅のまわり

駅では自動販売機で売っている飲みもののペットボトルやかん、売店で売っている新聞や食べもののふくろ、町で配っているチラシなどがごみとしてすてられているよ。

さまざまなお店

お店で買いものをすると、商品が入っていた箱やふくろ、包み紙、値札や商品についているとめ具などのごみが出るよ。

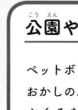

公園や公共し設

ペットボトルやかん、おかしのふくろやレジぶくろなどがごみになっているよ。

ハンバーガーを食べるとどんなごみが出るの？

日本では1年間で、ひとりあたりおよそ8個のハンバーガーが食べられているよ。身近な食べもののハンバーガーからはどんなごみが出ているのか調べてみよう。

ごみの量をくらべてみよう！

ハンバーガーをお店で食べた場合と、家に持ち帰った場合とでは、ごみがどれだけちがうのか見てみよう。

お店で食べた場合

❶ハンバーガーの包み紙
❷ポテトのふくろ
❸ストローとそのふくろ
❹おしぼりとそのふくろ
❺紙ナプキン

持ち帰った場合

❶ハンバーガーの包み紙
❷ポテトのふくろ
❸ストローとそのふくろ
❹おしぼりとそのふくろ
❺紙ナプキン
❻ジュースのカップとふた
❼ジュースを固定する台紙
❽紙ぶくろやビニールぶくろ

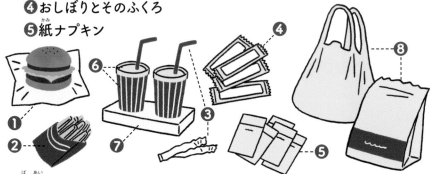

お店で食べた場合より家に持ち帰った場合のほうが、ごみが多いことがわかるね。家まで運ぶためのふくろやジュースをこぼさないようにつけられたふた、台紙などが必要になるからだよ。紙ナプキンも、お店では自分の必要な枚数だけ取って使えるけど、持ち帰りのときは、多めに入れてくれる場合があるので、あまってごみになることがあるね。

最近は、紙でできたストローを使うお店がふえたり、ふくろが有料化（→2巻28ページ）されたりしているよ。

食べ残しも
ごみになるの？

本当は食べられる食品のなかで、レストランやファストフード店などの食品関連事業者からすてられている食品は、全体の約54％にもなっているんだ。これらは、燃えるごみにして出してしまうのではなく、動物のエサにしたり、野菜の肥料にしたりして、つぎの食材づくりに役立てられているよ。ただし、食べ残しを安全にリサイクルするのは大変な作業だから、すべてを役立てられているわけじゃないんだ。だから、食べ残しはへらしたほうがいいんだよ。

食べ放題で食べ残し！？

焼肉の食べ放題やスイーツのバイキング、サラダバーなど、決まった料金をはらえば好きなだけ食べられるお店があるよね。ついついよくばってたくさん取りすぎて、結局残して帰ることになってしまった経験はないかな？ これも食べ残しがふえる原因のひとつになっているんだよ。

食べ残しのにすてている食品ごみ

54%!!

家庭系食品ロス 46%

事業系食品ロス

食べ残しは、肉よりも野菜やパン、ごはんなどが多いよ。

資料：農林水産省食料産業局「食品ロス及びリサイクルをめぐる情勢」（令和2年版）より

食べ残しをエサや肥料にする

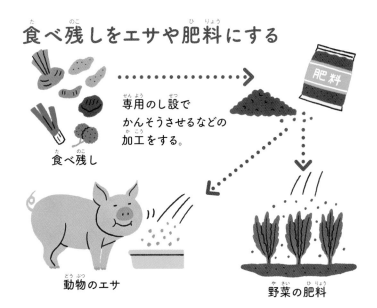

食べ残し

専用のし設でかんそうさせるなどの加工をする。

肥料

動物のエサ

野菜の肥料

キーワード

食品リサイクル法 という法律の名前を聞いたことがあるかな？ この法律によって、食べものをていきょうするお店では、食べ残しや売れ残りなどを、動物のエサや野菜を育てる肥料などにして活用するように定められているんだよ。

食べ放題やバイキング

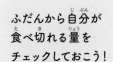

何を食べようかな？

お皿に好きなだけたくさん取る。

食べきれずに、残してしまう。食べ残しはごみになる。

食べられる量だけ、お皿に取ることが大事だね！

ふだんから自分が食べ切れる量をチェックしておこう！

ハンバーガーをつくると出るごみって？

食べものは、食べ残しと容器のごみがなくなれば、ごみはゼロになるのかな？
ハンバーガーを例に見てみよう。

> このお店は飲みものをグラスで出すし、ハンバーガーもポテトも包みなしなのよ。

> じゃあ、食べ残さなければ、ごみゼロ！？

> じつは食べものは食べるときだけじゃなく、つくるまえにもごみが出ているんだよ！

> え？どういうこと？

> くわしく見てみよう！

ハンバーガーのなかみを見てみよう！

ハンバーガーをつくるまえにもごみが出るよ。それを知るために、まずは1個のハンバーガーにどんな材料が使われているのかをかくにんしよう。

バンズ
肉や野菜をはさむパンのことだよ。小麦粉や牛乳、たまご、バターなどが使われているよ。

野菜
バンズにはさんだり、肉のなかにまぜたりしているよ。

ソースやチーズ
ソースは種類によって使う材料が変わるよ。ケチャップならトマト、マヨネーズならたまごなどを使っているんだ。チーズがはさまっていることもあるけど、チーズは牛乳などをもとにつくられているよ。

パティ
牛肉やぶた肉などでつくられているよ。たまねぎやたまごが使われていることもあるよ。

> ハンバーガーの種類によっては、もっといろいろな材料が使われているんだよね。

> これらの材料を育てたり、運んだり、加工したりするときにもごみが出るんだよ。

ハンバーガーをつくるまえには
どんなごみが出るの？

ハンバーガーをつくるまえの段階で、いろいろな種類のごみが出ているんだよ。ごみはたくさん出るけど、リサイクルされているものもあるよ。

麦わら

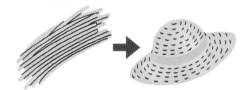

バンズをつくるときに使う小麦粉になる麦の実を、しゅうかくしたあとのわらは、麦わらぼうしや、しきものの材料、肥料の原料や動物のエサなどにしているんだよ。

たまごのから

バンズやパティなどをつくるために使われるたまごは、からがごみになるよ。からはリサイクルして肥料にしたり、グラウンドのライン引きの材料として使ったりしているよ。

ふん・にょう

パティの肉用に育てた牛が出すふん・にょうは、かんそうさせるなどの処理をして燃料などに使っているよ。

野菜の切れはしなど

野菜を調理すると、野菜の切れはしや皮などのごみが出るけど、肥料などに加工して使っているよ。

容器

材料を加工工場などに運ぶための容器がごみとして出るよ。再生紙や再生プラスチック製品などにリサイクルされているよ。

よごれた水

ハンバーガー1個をつくるのに、999リットルもの水が使われているよ。さらに、材料や容器をあらったりするとよごれた水が出るんだよ。

食品ロスは世界全体の問題

　世界で生産されている食品のうちの3分の1が食品ロス（→1巻14ページ）になっているよ。一方で、いま、食料不足で苦しんでいる人が、世界には約8億2100万人もいるんだ。食料不足で苦しんでいる人たちに食料が行きわたるように考え、行動していこう。

食用に生産される食料の約3分の1　約13億トン！

世界で1年間につくられている食料の量がおよそ40億トンで、そのうちのおよそ13億トンがすてられているんだ。

食べものをむだにしないで、こまっている人に行きわたるようにするために、みんながいまできることは、食べ残さないことだよ！

資料：国連食糧農業機関（FAO）「世界の食品ロスと食料廃棄」（平成23年発行）より

ごみゼロクイズ

食品のごみについておさらいしよう!

1章の前半と2章の前半で登場した食品のごみについて、おさらいするためのクイズをつくったよ。3つのうちどれが正しいかな? ちょうせんしてみて。

Q1 給食の食べ残しの量は、1年間でひとりあたりお茶わん何はいぶんかな?

1 15はいぶん

2 47はいぶん

3 103ばいぶん

Q2 食べ残しをへらす工夫として正しいのはどれ?

1 好きなおかずを先に食べる。

2 みんなでおしゃべりしながらのんびり食べる。

3 食べ切れる量だけもらう。

Q3 ハンバーガーを食べるとき、ごみが少ないのは?

1 お店で食べる。

2 持ち帰って食べる。

3 ❶と❷、どちらでも変わらない。

Q4 お店から出る食べ残しはどうやって処分されているの?

1 加工してエサや肥料にする。

2 もう一度、人が食べられるように調理する。

3 すべて燃えるごみになる。

Q5 ハンバーガーを1個つくるのに使う水の量は?

1 9リットル

2 99リットル

3 999リットル

Q6 世界でつくられる食品のうち、全体のどれくらいがすてられている?

1 約10分の1

2 約3分の1

3 約2分の1

 ……… → 2

給食のごみについては、9ページをかくにんしよう。食べ残す人がどれくらいいるか、また食べ残す理由についておさらいしよう。

 ……… → 3

❶と❷を実行すると、給食を食べ残してしまうかもしれないよ。理由を考えてみよう。答えは10ページでしょうかいしているよ。

 ……… → 1

お店で食べた場合のほうが、ごみの量は少なくてすむよ。持ち帰って食べた場合とくらべると、ごみの量や種類がどれくらい変わるか、覚えているかな？ 20ページをかくにんしてみよう。

Q4 ……… → 1

お店から出た食べ残しは、かんそうさせて動物のエサや野菜の肥料にされているよ。食べものをていきょうするお店に対して、食べ残しや売れ残りのごみを再利用するように定めた法律って何だっけ？ 21ページでしょうかいしているよ。

 ……… → 3

ハンバーガーを1個つくるのに999リットルも水が使われているうえに、よごれた水が出てしまうよ。水のほかにもさまざまなごみが出ていたね。23ページを見てみよう。

 ……… → 2

全体の約3分の1の食べものがすてられているよ。一方で、世界には食料不足で苦しんでいる人たちがたくさんいるんだ。23ページを見直して、いまみんなにできることをかくにんしよう。

どれくらい正解できたかな？わからなかったところを中心に、ふりかえってかくにんしよう。

お茶わん47はいぶんも食べ残しているなんて、何回聞いてもおどろいちゃうな。

ハンバーガーを1個つくるのに、水が999リットルも必要なのにもびっくりしたよ。

洋服を買うと どんなごみが出るの？

買いものをしたときに、ごみが出るのは食べものからだけじゃないよ。毎日必ず使う洋服からもごみが出るんだ。どんなごみが出るのか、調べてみよう。

Tシャツを1まい買ったときに出るごみって？

町でTシャツを1まい買って、家に持ち帰ったときに出るごみにはどんなものがあるのか、見てみよう。

新しいTシャツを買って着ることで、着なくなる洋服もごみになるね。

洋服を売るときにも、買うときにもごみが出るんだね。

お店で売るときに出るごみ

洋服を売るお店では、だんボール箱や、フェイスカバー、商品タグ、ハンガーなどのごみが出るよ。

買ってから出るごみ

洋服を買ったときには、値札やサイズ表示のテープ、ビニールぶくろや紙の手さげぶくろなどのごみが出ているんだ。

ごみをふやさない買い方ってあるの？

体が成長している時期は、同じ洋服を何年も着続けるのはむずかしいね。だから、新しい洋服を買うことは必要なことだよ。だけど、できるだけごみをふやさないように気をつけて買えるといいね。どんなことに気をつければいいのか知っておこう。

昨年、買った洋服がもう着られないよ！

身長がのびているものね。

買うまえにチェック！

- ☐ 買おうとしている洋服と、にている洋服を持っていないかな？

- ☐ いま持っている洋服と組み合わせて着られそうかな？

- ☐ 色やがらをチェック！あきずに長く着続けられそう？

- ☐ サイズや着心地はいいかな？試着してかくにんしよう！

●洋服を大切に使うコツは2巻37ページにのっているよ。かくにんしてみて！

通信販売で買いものをすると、だんボールとかのごみが出るから、お店で買ったほうがごみがへらせそうだね。試着もできるし！

洋服をつくっている会社のなかには、みんなが着られなくなった洋服を回収して、新しい洋服に生まれ変わらせる取り組みをしている会社もあるんだよ。

安くておしゃれな洋服って、たくさんほしくなっちゃうから気をつけよう……。

洋服をつくると出るごみって？

いつもみんなが着ている洋服が、どうやってつくられているのか知っているかな？ つくり方といっしょに、ごみについても見てみよう。

試着してみて、いちばんほしいと思った洋服を買ったよ！

これからも買いものをするときには、よく考えてから選ぶようにしたいな！

ごみをへらす工夫を実行してくれてうれしいよ！

洋服を買うときについて知ってくれたふたりには、洋服づくりのうら側についても知ってほしいな。

洋服をつくるときにはどんなごみが出るの？

洋服をつくるためには、糸や布が必要だよ。糸をつくるときにはわたや糸くずのごみが出て、布をつくるときには糸くずなどのごみが出るんだ。布から洋服をつくるときには、糸くずや布きれがごみになるよ。

ほかにも、たくさんの水を使ったり、二酸化炭素やマイクロプラスチックというごみが出たりもするんだよ。

糸をつくったり布をつくったりするたびに、ごみが出てしまうんだね。

つくるときに出るごみ

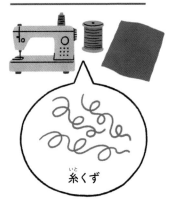

糸をつくる

わた・糸くず

→

糸から布をつくる

糸くず

→

布から洋服をつくる

糸くず・布きれ

ファストファッションと ごみの関係

　流行をすばやく取り入れ、安い値段で大量につくられて売られている洋服のことをファストファッションというよ。安くておしゃれだから、よく考えずに買ってしまう人が多いんだ。でも、流行が去ってしまうと、まだ着られるのに、「安かったから、いいや」と、かんたんにごみとしてすてられてしまうことがあるんだよ。

ファストファッションの洋服を買うときには、27ページの「買うまえにチェック！」のこう目をかくにんして、よく考えてから買うようにできるといいね。

昨年

安いし、たくさん買っちゃおう！

￥1500　　￥980

日本でも世界でもたくさんの洋服や生地がすてられてしまっているよ。

今年

昨年の洋服は、すてて、新しい洋服を買っちゃおう！

値段が安くても、大切に着るようにしたいな。

洋服を買う人と洋服をつくる人、みんなでごみをへらせるといいな。

衣類の廃棄量が 問題になっているよ！

　洋服をつくる会社では、大量につくった洋服が売り切れずにあまってしまい、ごみになるよ。会社から出る洋服のごみも、みんなのおうちから出る洋服のごみも、燃やして処分するときには二酸化炭素が出るから、環境によくないんだ。

日本では1年間で

約100万トン

もの、衣類がすてられているよ。これは

約33億着ぶん

ということになるんだ。
出典：独立行政法人中小企業基盤整備機構

家庭から出た洋服のごみの約80％がそのまま処分されているといわれているよ。

おもちゃを買うと どんなごみが出るの？

食べものや洋服と同じように、おもちゃやゲームを買ったときにも、ごみが出るよ。どんな種類のごみが出るのか見てみよう。

洋服もいいけど、わたしはおもちゃがほしいな。

そういえば、おもちゃを買うときにもごみって出るのかな？

洋服とはちがった種類のごみが出るよ！

どんなごみが出るんだろう？

ごみをへらす方法も知りたいな！

おもちゃやゲームを買うと出るごみは？

おもちゃが入っていた箱や、おもちゃやゲームがこわれたりきずついたりしないようにするために入れられたエアクッション、発ぽうスチロールなどが、ごみになるよ。ぬいぐるみや人形には、タグや値札がついていることがあるから、買ったあとにはそれがごみになるね。

パッケージの箱や、エアクッションなど。

ふくろやタグ、値札など。

発ぽうスチロールや説明書など。

ゲーム機を買ったときについてくる説明書なども、最初は必要だけど、読まなくなったらごみになるね。

買うときに出るごみってへらせるの？

箱や説明書などは、おもちゃを売るときに必要なものだから、なくすことはできないんだ。でも、少しでもごみをへらしたり、資源を使う量をへらしたりして、環境にやさしいおもちゃをつくるために工夫している会社があるよ。どんな工夫をしているのか見てみよう。工夫している商品を選ぶことも、みんなにできることのひとつだよ。

つくっている人たちが、ごみをへらそうとしてくれているんだね！

おもちゃを買うときにかくにんしてみよう。

箱をおもちゃの一部に！

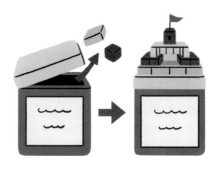

パッケージの箱にシールをはって、おもちゃとして遊べるようにしたり、箱自体がおもちゃの部品の一部になるようにつくられていたりするよ。箱のごみが出なくてすむね。

カプセルトイのカプセルにひと工夫！

カプセルトイのカプセルを、おもちゃの一部として遊べるようにした商品がつくられているよ。プラスチックのごみが出なくてすむね。

ほかにも、おもちゃの部品が少なくてすむような形やしくみを考えてつくられたおもちゃなどがあるよ。おもちゃを買いに行くまえに、調べてみるといいね。

本当にほしいと思ったものを買って、大切に使っていきたいね。

たしか、おもちゃがこわれたら、修理に出せばいいんだよね？
（→2巻35ページ）

おもちゃをつくると、出るごみって？

おもちゃをつくっている会社では、おもちゃを売るときだけでなく、つくるときにもごみをへらす工夫をしているよ。

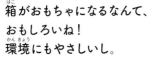

箱がおもちゃになるなんて、おもしろいね！環境にもやさしいし。
はじめて知ったよ

考えたことなかったけど、おもちゃをつくっている人たちってすごいなあ。

そういえば、おもちゃってどうやってつくっているんだろう？

たしかに。気になってきたね！

よし！ それじゃあ、おもちゃがどうやってできるのかと、そのときに出るごみについて、いっしょに見てみよう！

おもちゃってどうやってつくられているの？

まずは、どんなおもちゃにするのかを決めるために、テーマや形を考えるよ。試作品をつくって考えることもあるんだ。どんなおもちゃにするか決まったら、金型や部品をつくって、色をつけるよ。色をつけた部品を組み立てたら、おもちゃの完成だよ。

デザインを決める

金型や部品をつくる

色つけ・組み立て

完成！

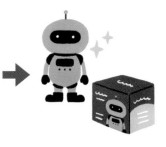

服のときと同じように、つくる工程ごとにごみが出るの？

デザインを考えるときに試作品をつくったらそれがごみになるし、金型はおもちゃをつくり終わったらごみになるね。部品づくりや組み立てのときにも、よぶんな部品の一部がごみになることがあるよ。

おもちゃをつくるときの取り組み

おもちゃをつくっている会社では、ごみを出さないようにしたり、資源をむだづかいしないようにしたりなど、環境のことを考えたおもちゃづくりをおこなっているよ。どんな取り組みをおこなっているのか見てみよう。

つくるときの工夫

その❶ 再生材料を使う

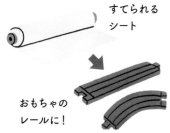

すてられるシート

おもちゃのレールに！

とうめいなふくろをつくるときに、ごみになってしまうシートの切れはしを、とかして再生材料をつくるよ。その再生材料を使って、おもちゃのレールやケースなどをつくっているんだ。

その❷ 原材料をへらす

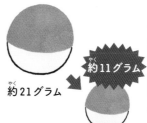

約21グラム　約11グラム

カプセルトイのカプセルは商品の大きさに合わせてできるだけ小さくすることで、プラスチックを使う量をへらしているよ。直径65ミリメートルのカプセルを直径48ミリメートルにすると、およそ10グラムもプラスチックの量をへらせるんだ。

その❸ 金型をリサイクル

おもちゃをつくるときの金型は鉄でできているよ。金型はおもちゃをつくり終わったら必要なくなるから、とかして鉄の材料にするんだ。

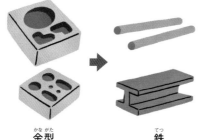

金型　　　鉄

その❹ 電池を使わないおもちゃづくり

乾電池を使わずに、動いたり光ったりするおもちゃをつくっているよ。転がしたり、ボタンをおしたりすることで、発電するしくみなんだ。太陽光や光にあてることで動くおもちゃもあるよ。

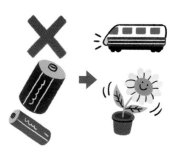

おもちゃをつくるのにいろいろな工夫をしているんだね。

環境にやさしくておもしろいおもちゃがたくさんあるよ。おもちゃ屋さんに行ったときには、いろいろなおもちゃを見てみてほしいな。

説明書をデータ化して紙のごみをへらす！

おもちゃやゲームについての説明を、パソコンやスマートフォンから見られるようなデータにしてていきょうしている会社があるよ。ほかにも、パッケージの箱のうら面に印刷していることもあるんだ。

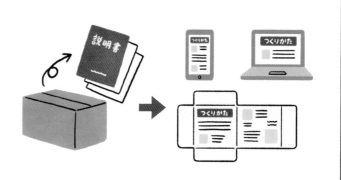

ごみゼロクイズ

クロスワードパズルにちょうせん！

3巻でしょうかいしたことを中心に、ごみや環境に関するクロスワードパズルにちょうせんしてみよう！ 第1問と第2問のア～エの文字をならべた言葉がパズルの答えだよ。

第1問

たてのかぎ

1 食べものや洋服などを買うときには、商品の値段と消費○○をはらっているよ。
2 本や新聞などをつくるときには○○くずのごみが出るよ。
3 ○○室では実験に使った、ろ紙やビニールぶくろなどがごみになるよ。
5 学校では給食の○○○○○をへらしたいね。
7 資源やごみは、○○○○分別してすてようね。リサイクルのためには必要なことだよ。
8 春は○○○○した陽気になるね。
11 かぜをひいたときには○○○を飲むね。

よこのかぎ

2 地球の○○○ある資源を大切にしよう。
4 図書室の本は○○○方やよごれ方によって直す方法を工夫しているよ。
6 「海のミルク」といわれている、貝のなかまだよ。
9 洋服をつくるときには、わたや糸くず、○○きれなどのごみが出るよ。
10 家で守るルールのことを○○○というよ。
12 び生物が生ごみを分解して肥料をつくることができる容器のことだよ。
13 動物が鳥やけものをとらえることを何という？

わからないところは自分で調べてみるのもいいね。

第2問

たてのかぎ

2 スマートフォンなどのなかに入っているレアメタルをとるために、野生の○○○がくらすアフリカの森林がはかいされてしまっているよ。

3 こわれたおもちゃは○○○○に出そう。

4 今日のつぎの日のことを2文字で何という?

6 ○○○○は、紙でできたストローを使う飲食店がふえたよ。

7 何もなかった状態にもどすという意味の慣用句を「○○○にもどす」というよ。

8 洋服をつくるのに使う糸は、わたやウールなどの○○○からできているよ。

10 お父さんのことを2文字で何ていう?カタカナで書くことが多いよ。

よこのかぎ

1 ごみをへらすことは、森林や海、動物などの自然を○○することにつながるよ。

5 3R(スリーアール)のひとつで、できるだけごみの量をへらすことを何という?

6 ○○などのわれた食器は、紙で包んで「キケン」と書いてからすてる地域が多いよ。

7 糸とじの本のページがはずれたときには、○○と糸でぬい直すよ。

9 地球温暖化などによって2020年8月には静岡県で41.1度の最高気温を○○○したよ。

10 サンドイッチなどをつくるお店では、切り落とした○○の耳をラスクにして、ごみにならないようにしているところがあるよ。

11 エコまるが、ごみゼロ星からやってきたのは、地球のことが○○○○だったからだよ。

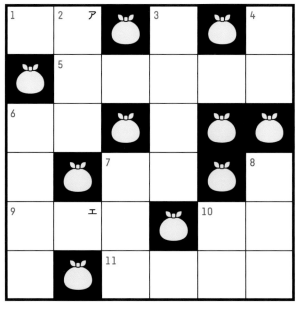

これで、新しく知った言葉を覚えられそう!

● 第1問の答え

● 第2問の答え

● パズルの答え

ごみぜろ

どれくらいわかったかな?

3章 みんなで協力してごみの少ない社会へ

社会が便利になってものがふえたことで、ごみもふえていったよ。社会全体では、ごみをへらすためにどんなことをしているのかな？

1日、町で買いものをしてみて、どんなごみが出ているか、見ることができたね！

買うときには、包装などで使うプラスチックの容器や包み紙、ふくろや値札などがごみになっていたね！

つくるときにもごみが出てた！食べものだと野菜の切れはしやたまごのからとか！商品の種類によってごみの種類も変わることがわかったよ！

そのとおり！食べものと洋服、おもちゃをつくるときのごみを見てきたけど、商品の種類がまだまだたくさんあるように、ごみの種類もたくさんあるよ！

商品の種類ごとにごみが出るってことは、量もたくさん出そうだね……。

そうなんだ！ものづくりやサービスのていきょうなど、どんな仕事をしている会社でも工場でも何かをつくるたびにごみが出ているから、種類も量も多いんだ。

たしかに…

それって、お父さんやお母さんが働いているときにもごみが出ているってこと？

そうだよ！ごみの問題は社会や地域全体の、みんなの問題なんだ！

まずは、ものをつくるときに出るごみについて知って、社会での取り組みを見てみよう！

ものをつくるときに出るごみって何？

ものをつくるときに出るごみは、何十種類にも分別されるよ。それぞれ処分されたりリサイクルされたりするんだ。

2章ではハンバーガーや洋服、おもちゃをつくるときに出るごみを見てきたね。2章でしょうかいしたごみ以外にも、ものをつくるときには毎日のようにたくさんのごみが出ているんだ。何をつくったときに、どんなごみが出ているのか見てみよう。

廃プラスチック類

食べものや洋服、おもちゃなど、どんなものをつくるときにも出るのがプラスチックでできたごみだよ。ものを運ぶためのケースや包みなどがごみになるんだ。

生ごみ

食べものをつくるときには、たくさんの生ごみが出るよ。工場で出る肉や魚、たまごなどの生ごみは「動物性残さ」という産業廃棄物（→38ページ）に分類されるんだ。

燃えがら

火を使ってものをつくるお店や工場では燃えがらがごみになるよ。焼肉のお店や、清掃工場、火力発電所などで出る、灰やすすがごみになるんだ。

廃油

食べものをつくるお店や工場、ガソリンスタンドや自動車の整備工場では、油を使うから、使ったあとのよごれた油がごみになるよ。

紙くずや木くず

本や新聞などをつくるときには、紙くずのごみが出るよ。洋服をつくるときの型紙も紙のごみだね。木くずは、木でできた商品や建物をつくると出るごみだよ。

金ぞくくずやがれき類

ビルや道路などをつくったりこわしたりするときには、金ぞくやがれきのごみが出るよ。工事現場で出るごみやおもちゃをつくるときの金型も金ぞくくずに分類されるね。

おでい

どろ状のごみのことをおでいというんだ。紙をつくるときや、工場で出るよごれた水を処理するときなどに出るごみのことだよ。

いろいろなごみが出ているんだね。処分するのもリサイクルするのも大変そうだな。

ごみを再利用する社会での取り組み

ものをつくるときに出るごみは、リサイクルが進められているよ。リサイクルされたごみは、どんなものに再利用されて生まれ変わっているのかな？

> みんなが使うものの種類がふえれば、それをつくるときに出るごみの種類もふえていくんだよ。

> 毎日たくさんのごみが出ていると思うと、処理するのが大変そう。

> わたしたちがごみをすてるときと同じように、会社や工場でも分別しているんだね。

> そうだよ。分別したごみはリサイクルが進められているよ。

> いままで見たことなかったようなごみもあったけど、どんなものにリサイクルされているんだろう？

どのくらいのごみがリサイクルされているの？

町で出るごみのなかでも、工場や工事現場から出るごみを産業廃棄物というよ。産業廃棄物は、工場などがせきにんをもってリサイクルや減量化を進めているんだ。産業廃棄物のなかには、環境に悪いえいきょうをあたえたり、人に害をおよぼしたりするごみもあるから、きびしく管理されているよ。

最終処分率 3%

減量化率 45%

再生利用率 52%

資料：環境省「産業廃棄物の排出及び処理状況（平成30年度速報値）」より

1年間に工場などから出る産業廃棄物のうち、約52%が再生利用されていて、約45%は減量化されてから処分されているよ。

> ものをつくるたびに、たくさんの産業廃棄物が出ているけど、ほとんどのごみが、リサイクルされたり量をへらしてからすてられたりしているんだよ。

不法投棄って知っている？

場所や日にちなどのルールを守らずに、ごみをすてることを不法投棄というよ。産業廃棄物の不法投棄によって、健康ひ害が出て問題になったことがあるんだ。

不法投棄禁止！

どんなものに 生まれ変わるの？

ぼくたちが使っているもののなかにも、つくるときに資源を再利用しているものがあるのかな？

　生ごみが動物のエサや野菜の肥料になったり、紙くずが再生紙になったりなど、ものをつくって出たごみが、またものをつくるときに使われているよ。資源をくり返し使っていくことが大切なんだ。

エサや肥料、バイオガス

リサイクルされたごみ
・肉や魚、たまごなどの生ごみ

生ごみはエサや肥料のほかに、バイオガスという発電するときに使う燃料に生まれ変わるよ。

石けんやろうそくの原料

リサイクルされたごみ
・廃油

廃油は燃料に再利用されることが多いけど、石けんやろうそくの原料にもなるんだよ。

再生紙や紙の原料

 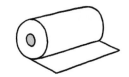

リサイクルされたごみ
・紙くず　・木くず

紙くずは加工されて再生紙になるよ。木くずはくだかれて、紙をつくるための原料などになるんだ。

セメントの原料や燃料

リサイクルされたごみ
・燃えがら　・おでい

燃えがらやおでいは、建物を建てるときに使うセメントの材料になるよ。

金ぞくの原料や再生さい石

リサイクルされたごみ
・金ぞくくず　・がれき類

金ぞくはとかされて金ぞくの原料に、がれきはくだかれて、工事などに使うさい石という材料になるよ。

廃プラスチック類はさまざまなものに生まれ変わるよ。建築に使う材料になったり、ものを動かすのに使う燃料になったりするんだ。

ごみを出さない 社会での取り組み

社会では再利用以外にも、ごみを出さない工夫をしているよ。ごみの問題について、どんなふうに解決しようとしているのか、もっと調べてみよう。

町で出るごみは、わたしたちの生活と関係しているごみなんだね。

うんうん

リサイクルが進められているとはいえ、町中のごみをへらしていくのは大変そうだなあ。

できることから少しずつ取り組んでいけばだいじょうぶ！

ごみについてたくさん知って、まわりの人に伝えていこう。ごみをへらしてくれる人がふえれば、ごみゼロへ近づいていくよ。

調べて「知る」こともごみゼロへの1歩！

まずはどんなごみの問題があるのか知ることが大切だよ。ごみをへらすための取り組みについて調べて、知っていくことで、自分にできることがわかってくるよね。少しずつでも、みんなができることに取り組んでいけば、地球のごみはへらしていけるよ。

5月30日から6月5日は
（ごみゼロの日）（環境の日）
「ごみ減量・リサイクル推進週間」

「ごみゼロの日」でけんさくしてみよう！地域でのごみをへらす取り組みなどが見られるよ。

みんなはどれくらい環境の問題について知っているかな？

ごみの問題以外にも、地球にはいろいろな環境の問題が起こっているよ。どんな問題があるのか、みんなはどれくらい知っているかな？

環境問題について5つ以上知っていると答えた人（15さい）が多い国は？

1位　ポルトガル
2位　スロベニア
3位　トルコ
……
36位　日本

資料：公益財団法人 日本ユニセフ協会「未来を築く先進国の子どもたちと持続可能な開発目標（SDGs）」（平成29年刊行）より

ごみをへらすために やっていること

会社や工場では、ごみを出さない工夫や、もっと再利用を進めるための取り組みがおこなわれているんだ。ここで紹介することのほかにも、たくさんの取り組みをおこなっているよ。調べてみてね。

ごみをへらすために工夫してつくられたものが、みんなの身のまわりにもあるかもしれないから、かくにんしてみよう!

1 | 資源を使わない、使う量をへらす。

わたしたちにできること

ほかにも、どんな工夫をしているのか調べてみよう!

会社内で使う資料や商品の説明書などをデータ化して、紙の資源を使わないようにしているよ。また、ものを運ぶときにかかる燃料や水の量をへらすために、国内でのものづくりを進めている会社があるよ。

2 | つくるときにごみを出さない。

ものをつくる量を調整して、商品が廃棄されることのないように管理しているよ。また、ごみ以外では、二酸化炭素やはい気ガスなどをへらす取り組みもおこなっているんだ。

つくる人　使う人

協力してごみをへらそう!

4 | ごみや再生材料からものをつくる。

わたしたちにできること

ひとりひとりがきちんと分別して、リサイクルにまわすことが大切だよ!

たまごのからやうすいまくを使って食品や化しょう品をつくっているよ。また、カプセルトイのカプセルはスプーンやボールペンのじくなどに生まれ変わるんだよ。

3 | リサイクルしやすくする。

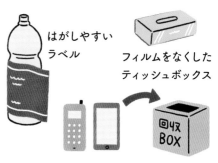

はがしやすいラベル

フィルムをなくしたティッシュボックス

回収BOX

使い終わったものをみんながリサイクルにまわしやすいように工夫した商品をつくっているよ。また、使えなくなった小型家電や携帯電話などを回収する取り組みもあるよ。

自分が持っているものにも、再生材料が使われているかどうか調べてみようかな。

ものづくりのうら側には、ごみをへらす工夫がたくさんあるんだね!

特集

社会での
リサイクルのルールが
できるまで

社会にはごみのリサイクルを進めるためのルールがあるよ。

社会でのルールって、ぼくたちにとっての分別のルールと同じようなものなの?

そうだよ。ものをつくる会社や工場から出るごみを分別してリサイクルするように、法律で決められているんだ。

ルールって、いつからあるものなんだろう……。昔からずっと同じルールでやってきたのかな?

ルールは時代の変化とともに決められていったんだよ。どんなルールがあるのか見てみよう。

ものをつくる技術が発展して、新しい商品がつぎつぎに生産されると、ものをすぐに買いかえては、すてることをくりかえす、「大量生産・大量消費」が問題となったよ。商品の種類と同じようにごみの種類もふえたから、きちんと分別してリサイクルするためにルールが決められたんだ。

たくさんの家具や家電などが粗大ごみとしてすてられてしまっている。

たくさんつくる

すぐに買いかえる

ごみがふえる

ルールをつくって ごみを資源に

ごみがふえていくなかで、環境や人体へのえいきょうを考えながら、ごみをへらしていくことが大切なんだ。

廃棄物処理法 改正（1991年）

廃棄するごみの量をへらして、積極的に再生利用すべし！

容器包装リサイクル法（1995年）

アルミかん　スチールかん　ペットボトル　プラスチック製容器

食品や生活用品などが入っていた容器を分別して再利用すべし！

家電リサイクル法（1998年）

テレビ　エアコン　冷蔵庫　洗濯機

いらなくなった家電はメーカーが引き取って、再商品化すべし！

食品リサイクル法（2000年）

売れ残り　食べ残し　切れはし　皮

残った食材は農家や食品業者で肥料などに再利用すべし！

小型家電リサイクル法（2012年）

スマートフォン　パソコン　ドライヤー　ゲーム機

小型家電に使われている貴重な金ぞくを回収して再利用すべし！

> ほかにも自動車や建築などに関するリサイクル法もあるよ。

地球でくらし続けるための「目標」って知っている？

2015年に世界の国ぐにのあいだで、SDGs（持続可能な開発目標）という17個の目標が立てられたよ。17個のうちのひとつに、「持続可能な消費と生産」という目標があるんだ。「ものをつくる人も、ものを消費する人も、ごみをへらしたり資源を大切に使ったりしていこう」という内容だよ。

ごみの量をへらす。

二酸化炭素のはい出量をへらす。

ひとりあたりの食品ごみの量をいまの半分にする。

持続可能な開発や自然とのくらし方について意識する。

など……

目標　2030年までに達成

ごみゼロアクションで地球を元気に！

ごみの問題やリサイクルの取り組みなどについて学んできたことを、これからの生活に役立てていこう。

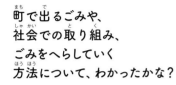

町で出るごみや、社会での取り組み、ごみをへらしていく方法について、わかったかな？

ものをつくったりサービスをていきょうしたりすると、どうしても出てしまうごみがあることがわかったよ。

ものやサービスを利用する側のわたしたちも気をつけないといけないことがたくさんあった！

みんなで、ごみをへらすこととごみを出すときのルールを守ることの両方をやっていくことが大事なんだ。

ごみの問題は、社会のなかのどこにだってある、身近な問題なんだよ。

病院にも！

テーマパークにも！

これから生活していくなかで、つねに気をつけていけるといいな。

そうだね！ みんなで少しずつ取り組んで、「循環型社会」をめざすんだ！

たしか、３Ｒを実行していく社会のことよね？

循環型社会ってなんだったっけ……？

復習しよう！

くわしい説明は1巻の42ページを見てみてね。

資源を使う → 生産する

リデュース
ごみを出さないようにする。

リサイクル
ごみを再利用する。

リユース
くり返し使う。

買う

なるほどー！

最終処分 ← すてて処分する ← 使う

日本は、世界のなかで
とても資源が少ない国なんだよ。
だから、いまある資源を
循環させて使っていくことは
日本にとっても
大切なことなんだ。

少ない資源を
くり返し使えるように、
ものの買い方や使い方に
気をつけるようにするよ!

ごみをへらす
方法について
知ってくれてうれしいよ!

最後に、
みんなにもできる
ごみゼロアクションを
おさらいしよう!

みんなでいっしょにごみゼロアクション!!

人にゆずる!

1 地球に
やさしいものを
選ぼう!

環境ラベルをチェック!

2 本当に必要な
ものかどうか
よく考えよう!

いる? いらない?

3 期限のせまった
ものから使おう!

期限をチェック!

4 使わなくなったものは
すてるまえにできることが
ないか、かくにんしよう!

5 ごみを出すときの
ルールを守ろう!

6 地域のクリーン作戦に
参加してごみを拾おう!

これでみんなも
ごみゼロマスター!!

みんなも
ごみゼロマスターとして、
地球の未来のために
取り組んでいってほしいな!
「できることから、少しずつ」を
心がけてね。

緑がゆたかで、
たくさんの動物とともに、
元気にくらせる地球を
みんなで守っていけるように
がんばるよ。

ぼくの
役目は
これで
おしまい!

ありがとう
エコまる!

これからも
ごみゼロアクションを
続けてね〜!
まかせたよ!!

もっと社会での取り組みを知ろう！

株式会社モスフードサービス

https://www.mos.co.jp/company/

食品ロスをへらしたり、エネルギーや水の使用量を節約したりするなどの取り組みをおこなっているんだ。さまざまな環境問題への対策をおこなう店として「エコマーク飲食店」に認定されているよ。

株式会社セブン＆アイ・ホールディングス

https://www.7andi.com/csr/theme/theme3/invention.html

セブン＆アイグループ各社のオリジナル商品の容器包装に使用するプラスチックを、2050年までにすべてバイオマスプラスチックなどの「環境配慮型素材」にすることを目標として取り組んでいるよ。

イオン株式会社

https://www.aeon.info/sustainability/haikibutsu/

お店と生産者、リサイクルをおこなう業者と協力をして「食品資源循環」を進めていく取り組みをおこなっているんだ。ごみの「見える化」によってごみのさくげんや、生ごみのリサイクルなども進めているよ。

日清食品ホールディングス株式会社

https://www.nissin.com/jp/news/7874

「カップヌードル」の容器を2021年度中に、環境にやさしい「バイオマスECOカップ」に切りかえるよ。石油由来のプラスチックの一部を植物由来のものにおきかえて、二酸化炭素のはい出をへらしているんだ。

味の素株式会社

https://www.ajinomoto.co.jp/company/jp/activity/keyword/plastic_waste.html

「ほんだし」などの商品のパッケージの主原料を紙に変こうして、プラスチック廃棄物をへらす取り組みを進めているんだ。2030年までに、プラスチック廃棄物をゼロにするという目標をかかげているよ。

サントリーホールディングス株式会社

https://www.suntory.co.jp/eco/

2030年までに、ペットボトルの素材をリサイクル素材と植物由来素材に100％切りかえることをめざしているよ。自動販売機で使う電力の量をへらすなどの取り組みもおこなっているんだ。

青山商事株式会社

https://www.aoyama-syouji.co.jp/ir/esg/

環境に配りょしたスーツなどの洋服の販売や、使用ずみ衣料品の回収・リサイクルなどに取り組んでいるよ。さまざまな環境問題への対策をおこなう店として「エコマーク小売店舗」に認定されているんだ。

エイチ・アンド・エム ヘネス・アンド・マウリッツ・ジャパン株式会社

https://www2.hm.com/ja_jp/hm-sustainability/lets-change.html

2030年までに、すべての洋服などの商品をリサイクル素材や持続可能な原材料の素材にするという目標をかかげているんだ。2020年には、インドネシアの島じまで回収したペットボトルを原材料にした子ども服を販売したよ。

株式会社ケーズホールディングス

https://www.ksdenki.co.jp/kshd/pages/csr_environment.aspx

ケーズデンキでは、使い終わった家電製品や携帯電話、電池やインクカートリッジの回収をおこなっているんだ。環境に配りょした商品の販売や商品の修理などを受けつけていて、「エコマーク小売店舗」に認定されているんだよ。

岩谷産業株式会社

http://www.iwatani.co.jp/jpn/business/mat.html

カセットこんろなどをつくっている岩谷産業株式会社では、ペットボトルを廃棄するときに出る二酸化炭素の量をへらすために、リサイクル特性にすぐれたPETじゅしの開発や販売に取り組んでいるよ。

さくいん

監修　和田由貴（わだ　ゆうき）
節約アドバイザー、消費生活アドバイザー、3R推進マイスター

節約や省エネなど、幅広く暮らしや家事の専門家として多方面で活動。自身の経験から、ごみの減量が環境問題の改善とともに節約にもつながることを知り、節約生活の一環として推奨をしている。また、環境カウンセラーや省エネルギー普及指導員でもあり、2007年には環境大臣より「容器包装廃棄物排出抑制推進員（3R推進マイスター）」に委嘱され、3Rの啓発活動にも力を入れている。環境省「使用済製品等のリユース促進事業研究会」委員、中央環境審議会 廃棄物処理制度専門委員、食品廃棄物等発生抑制対策推進調査検討委員などを歴任。

協力 ● 青山商事株式会社／味の素株式会社／イオン株式会社／岩谷産業株式会社／エイチ・アンド・エム　ヘネス・アンド・マウリッツ・ジャパン株式会社／株式会社ケーズホールディングス／株式会社セブン＆アイ・ホールディングス／株式会社モスフードサービス／公益財団法人日本環境協会　エコマーク事務局／サントリーホールディングス株式会社／日清食品ホールディングス株式会社
漫画・イラスト ● 渡辺ナベシ
イラスト ● 高山千草、田原直子
装丁・本文デザイン ● 若井夏澄（tri）
DTP ● スタジオポルト
校正 ● 村井みちよ
編集協力 ● 大沢康史、平田雅子
編集 ● 株式会社 童夢
写真協力 ● PIXTA

めざせ！ごみゼロマスター
❸学校と町でレッツごみゼロ

2021年3月15日　第1版第1刷発行

発行所　WAVE出版
　　　　〒102-0074
　　　　東京都千代田区九段南3-9-12
　　　　TEL　　03-3261-3713
　　　　FAX　　03-3261-3823
　　　　振替　　00100-7-366376
　　　　E-mail　info@wave-publishers.co.jp
　　　　http://www.wave-publishers.co.jp
印刷　　株式会社サンニチ印刷
製本　　大村製本株式会社

ごみについて
たくさん学べたね。

地球のためにごみを
へらしていきたいな。